BIBLIOTECA **NATUREZA**

Valerio Romahn

TREPADEIRAS
NO PAISAGISMO

CARAMANCHÕES E ARCOS

Editora Europa

As plantas trepadeiras, devidamente acompanhadas das estruturas que as acolhem, podem proporcionar abrigo e dar privacidade, além de sofisticar o paisagismo e tornar bucólico um determinado ambiente do jardim. Não há como negar, por exemplo, o efeito romântico de um arco encoberto por uma rosa-trepadeira, envolvendo um pequeno portão ou um banco de jardim.

A morfologia destas extraordinárias plantas é bem diversificada, o que as torna extremamente dinâmicas para o uso no paisagismo. Na natureza elas encobrem arbustos e relvados, escalam árvores e paredões de rochas, sempre com o intuito de buscar o máximo possível os raios solares. Em troca — e por consequente meio de subsistência —, presenteiam o ecossistema com floradas magníficas ou frutos deliciosos, um verdadeiro deleite para os seres que delas dependem.

Algumas trepadeiras preferem uma certa proteção dos raios solares e das intempéries, e crescem de forma magnífica sob o dossel da floresta, onde chegam a encobrir totalmente os troncos de grandes árvores ou o solo, como uma forração. A florada dessas trepadeiras costuma ser mais tímida, mas, em contrapartida, algumas delas podem desenvolver grandes e vistosas folhagens, um recurso que desenvolveram para absorver a pouca luz incidente e promover a fotossíntese.

A diversidade de espécies de trepadeiras para uso no paisagismo é infindável, mas, antes de inserir no seu jardim uma determinada espécie em uma estrutura específica, é importante conhecer o comportamento da planta para saber se ela é adequada para a condição planejada. Vale ressaltar que existem trepadeiras com mais de 30 m de comprimento, e outras que mal passam dos 2 m.

As trepadeiras vigorosas, normalmente com caules lenhosos, costumam ser volumosas e pesadas, e precisam necessariamente estar ancoradas em uma estrutura robusta e resistente, como um caramanchão. Outras igualmente vigorosas, mas de caules semilenhosos ou semi-herbáceos, normalmente volúveis — que se enrolam nas estruturas —, são ideais para encobrir alambrados e cercas. As espécies mais comedidas, com caules delgados e de aspecto delicado são perfeitas para a condução em treliças, estruturas excelentes para pequenos espaços e cantinhos aconchegantes.

Esta coleção em três volumes foi planejada com base nas principais estruturas para a condução das trepadeiras. As espécies apresentadas estão harmonicamente conduzidas em estruturas específicas, mas vale ressaltar que estas são apenas sugestões de uso — nada impede que você as use em outras situações, uma vez que elas são multifuncionais. O que vale é sua criatividade e, principalmente, o conhecimento adequado da planta a ser cultivada. Divirta-se com as ideias e escolha sua trepadeira.

Não é uma regra, mas cada tipo de estrutura — arco, caramanchão ou treliça, entre outras — adquire mais charme e harmonia quando vestida com a trepadeira que melhor se adapta a ela. Saber se a espécie desejada adequa-se à estrutura planejada é fundamental para o sucesso

VALERIO ROMAHN

PÉRGULA OU CARAMANCHÃO?

Pérgula e caramanchão são palavras ambíguas usadas para descrever estruturas externas semelhantes, ambas dotadas de pilares que sustentam um telhado aberto, feito de vigas cruzadas ou ripados. Essas estruturas, típicas de jardins, normalmente acomodam as famosas e bucólicas plantas trepadeiras.

A palavra pérgula (ou pérgola) vem do latim. Significa projeção, e se refere especialmente a um beiral estendido. Acredita-se que o conceito da pérgula data do Antigo Egito, mas não se sabe sua exata função à época — se era usada para o lazer, um recurso meramente estético ou se servia para minimizar o efeito da insolação. Quando os romanos conquistaram o Egito, em 30 a.C., as pérgulas foram incorporadas à arquitetura das casas nas vilas do Império Romano — provavelmente para o cultivo das videiras —, e se perpetuaram.

Arquitetos da Renascença italiana começaram a sofisticar essas estruturas — especialmente nas colunas que passaram a ser confeccionadas com pedras entalhadas —, e a construí-las principalmente ao longo dos átrios dos mosteiros, para que fosse possível caminhar por eles. Esse fato corrobora com algumas literaturas antigas sobre jardins e jardinagem, que mencionam as pérgulas como "caminhos cobertos por trepadeiras", uma passagem sombreada.

Os caramanchões, que também despontaram nos jardins do Antigo Egito — e posteriormente no Império Romano e nos templos chineses —, passaram a ser exaltados em toda a Europa no final do período Renascentista, no fim do século 16. O termo caramanchão vem do inglês arbor ou arbour, que por sua vez acredita-se que seja oriundo do langue d'oil, um dialeto antigo que era usado no norte da França.

Segundo algumas interpretações, ao contrário da pérgula, nos jardins residenciais, ele é considerado uma estrutura independente, que pode servir como entrada para um jardim — a exemplo de um arquinho em um portão; envolver um banco em um cantinho aconchegante; enobrecer o percurso de um caminho; e, principalmente, como abrigo de uma sofisticada sala de estar. Assim como a pérgula, o caramanchão também é estruturado com dois, quatro ou mais pilares que sustentam vigas ou ripados.

Hoje, os termos pérgula e caramanchão são usados como sinônimos. Independentemente do nome que você usar, o que importa é a função que eles exercem: sustentar suas trepadeiras preferidas.

O anexo de pérgulas ao longo do edifício sustenta diversas videiras, que se debruçam no entorno do átrio do Mosteiro de Arkadi, na ilha de Creta, na Grécia. Esse mosteiro, oficialmente ortodoxo oriental, data do século 16 e é notadamente marcado pela influência Renascentista

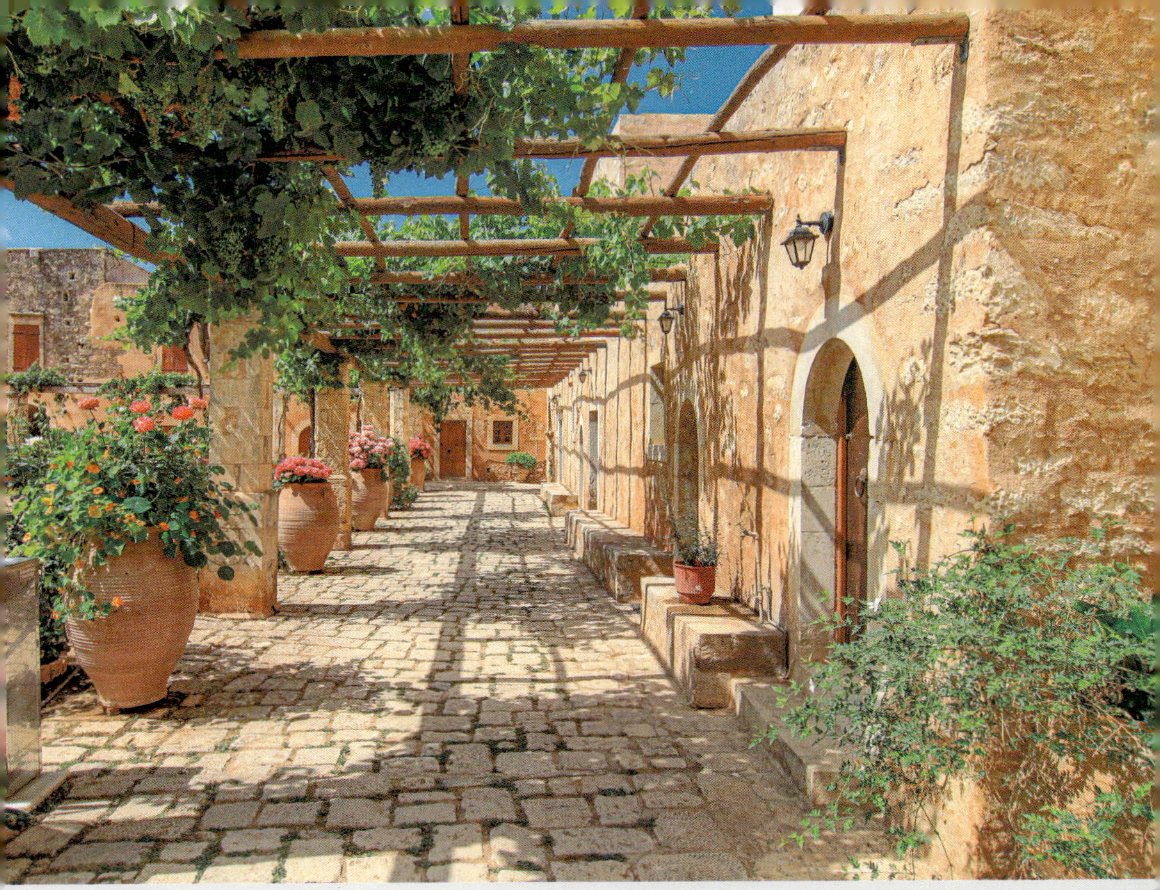

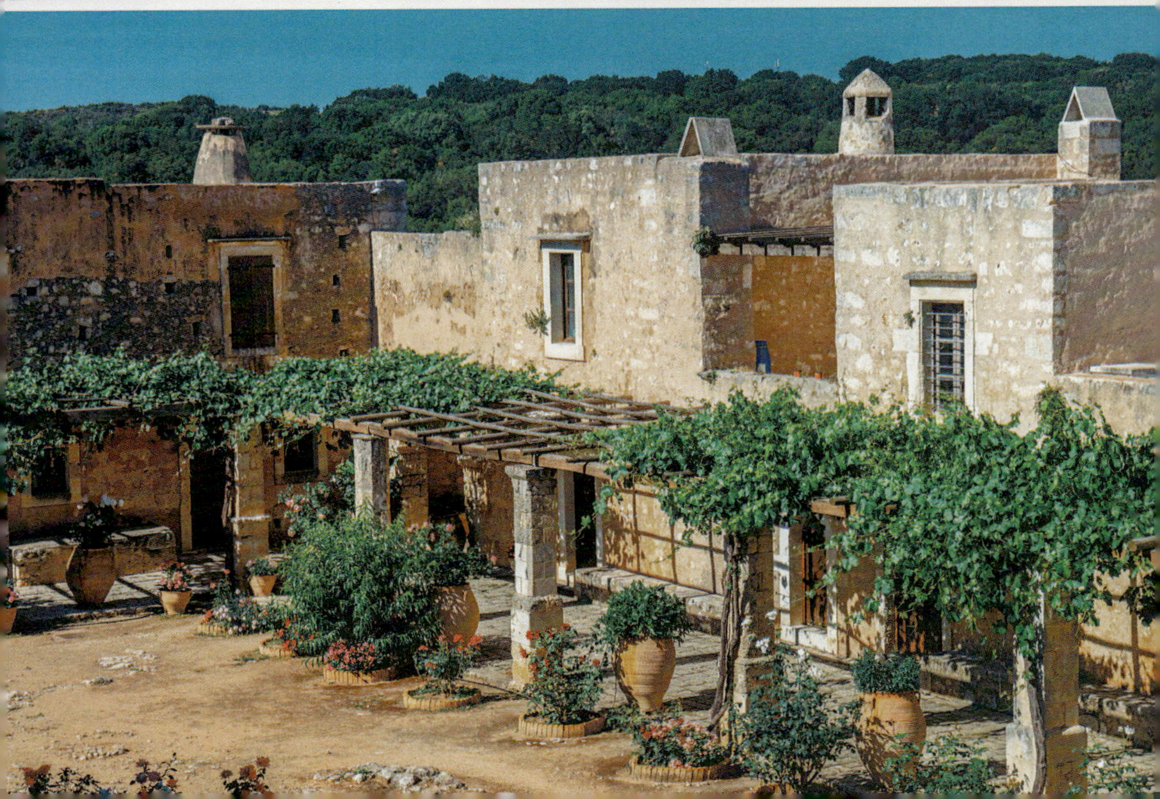

Projeto: Alexandre Galhego

• CARAMANCHÃO E ARCOS • 7

• TREPADEIRAS NO PAISAGISMO •

Charme, sofisticação e conforto são alguns dos adjetivos inerentes ao caramanchão, e a sua forma e estilo (arquitetura) devem ser muito bem planejadas, sempre levando em conta a função que ele vai desempenhar no jardim.

Algumas estruturas podem ser ricamente detalhadas, a exemplo das em estilo vitoriano, e devem ser construídas por mão de obra especializada, independentemente do material usado,— madeira, ferro ou outro elemento. É preciso ter ter em mente — ou no planejamento orçamentário — que um caramanchão bem-feito e funcional é um investimento custoso, mas muito inspirador. ✤

Nas mãos certas, uma simples ideia pode se tornar um projeto ousado e diferenciado. Independentemente do tipo de caramanchão, a execução exige mão de obra especializada

Bougainvillea hybrid

PRIMAVERA, BUGANVÍLIA, TRÊS-MARIAS
Família das nictagináceas (*Nyctaginaceae*)

Apesar de não ser tecnicamente uma trepadeira e sim um arbusto escandente que pode ser conduzido como trepadeira, a primavera — ou buganvília —, é de longe a espécie preferida para envolver arcos e caramanchões.

Ela pode florescer em boa parte do ano, à exceção do inverno, mas é na primavera que dá um verdadeiro espetáculo de cores. O curioso é que o colorido exuberante não é proporcionado pelas flores, mas sim pelas folhas modificadas, chamadas tecnicamente de brácteas, que envolvem as verdadeiras e minúsculas flores. As brácteas apresentam uma variada gama de cores — podem ser até bicolores — e serem simples ou dobradas.

Muito versátil, a buganvília pode ser cultivada, sempre com a ajuda de amarrilhos, em estruturas como caramanchões, pórticos, arcos ou sobre o telhado de beiras de varandas, sempre sob sol pleno. Neste último caso, a manutenção deve ser constante para que os ramos não se entrelacem entre as telhas.

A *Bougainvillea* é um arbusto escandente lenhoso, semidecíduo — que perde parcialmente as folhas, principalmente no período do inverno —, espinhento e muito

A profusão de cores das inflorescências das primaveras que encobrem totalmente esse longo e sofisticado caramanchão explica o porquê da preferência por essas plantas para o cultivo nessas estruturas

vigoroso, com ramagem de comprimento indefinido, mas que normalmente chega a 4 m. Seus cultivares estão entre as plantas mais comercializadas em todas as regiões tropicais e subtropicais do mundo. Muito rústicos, não são exigentes quanto ao solo e resistem até à estiagem. A reprodução é por estaquia ou alporquia.

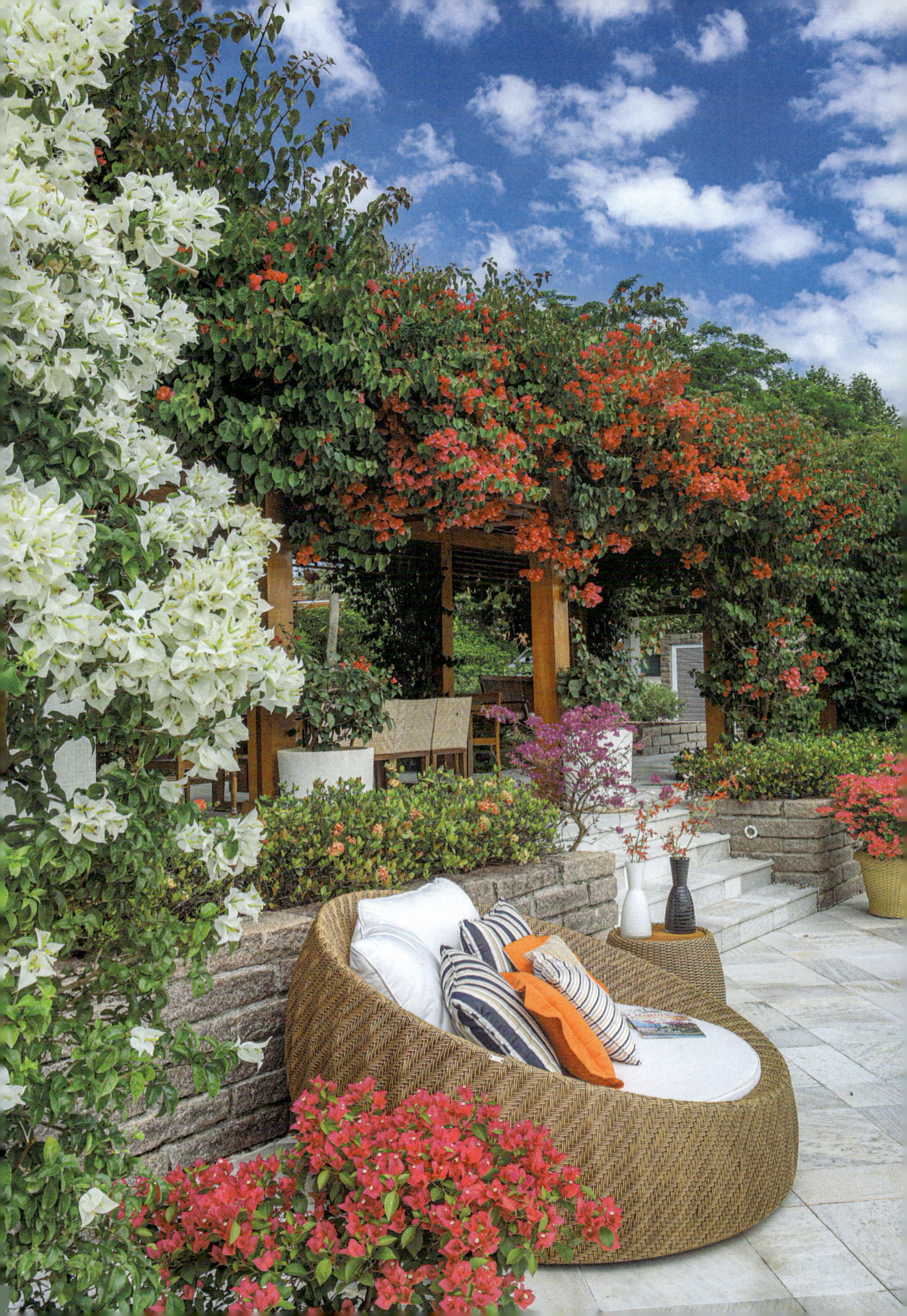

Um caramanchão não precisa ser necessariamente sofisticado. Elementos mais rústicos, como toras de eucalipto autoclavado, além de serem mais econômicos, podem criar ambientes pitorescos e charmosos. As rústicas primaveras combinam harmoniosamente e se sobressaem sobre esse tipo de caramanchão, e, para o deleite do corpo, nada como um descanso merecido sob as inflorescências dessa trepadeira.

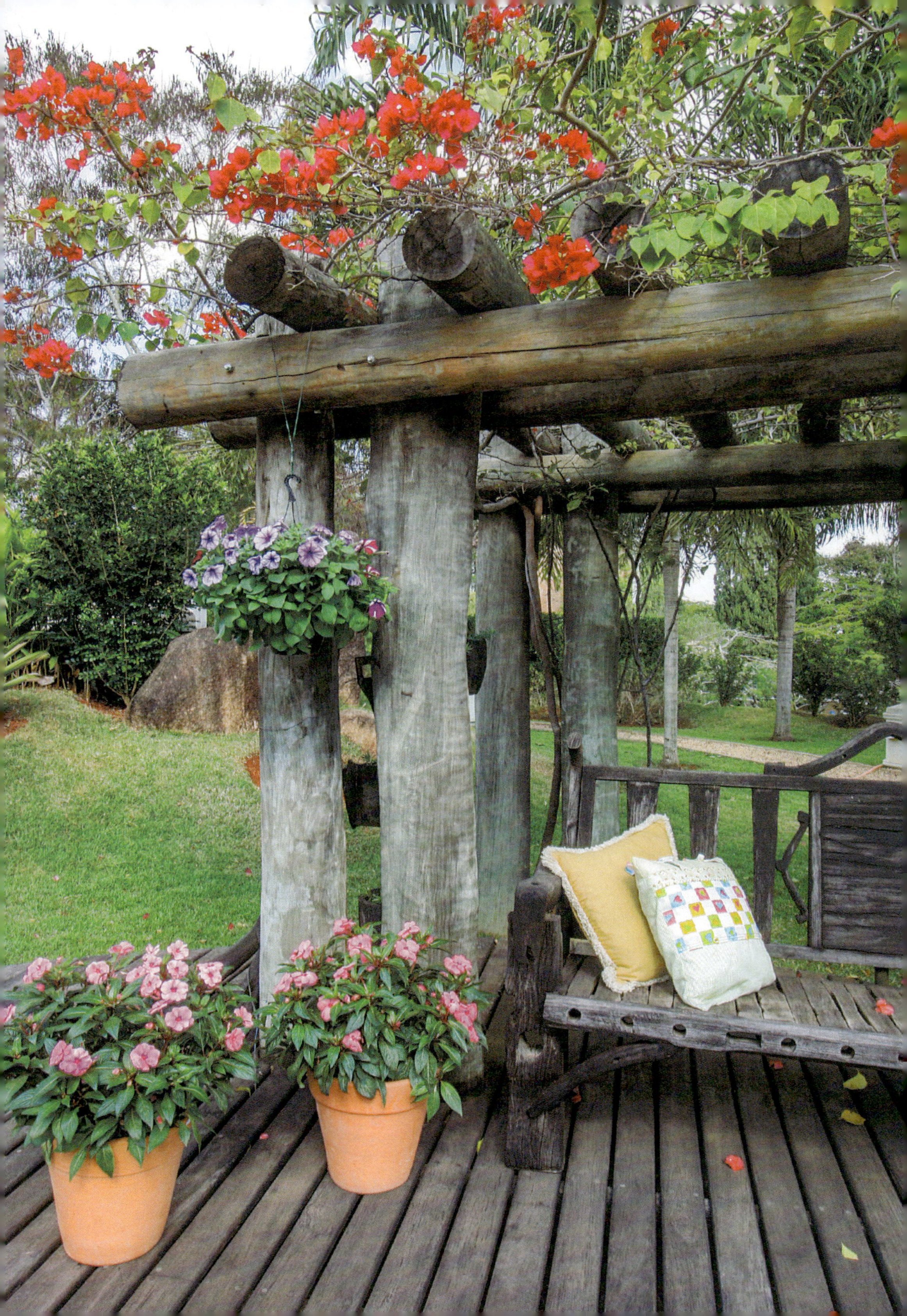

Thunbergia grandiflora

TUMBÉRGIA-AZUL, AZULZINHA
Família das acantáceas (*Acanthaceae*)

A tumbérgia-azul é uma das trepadeiras mais cultivadas nos trópicos. Suas flores são grandes — daí o epíteto específico *grandiflora* — têm formato de trombeta, de até 4 cm de comprimento e 8 cm de diâmetro, e a corola expandida em cinco lobos (pétalas). Muito vistosas, elas exibem um tom lilás com o miolo amarelado e nascem agrupadas em cachos curtos e pendentes no decorrer de quase todo o ano. São intensamente visitadas pelas abelhas mamangavas.

As folhas de até 19 cm de comprimento são ornamentais, têm um formato entre o lanceolado (lança) e o triangular e as bordas irregulares, dotadas de segmentos esparsos pontiagudos. Elas exibem um tom verde-médio brilhante e nascem em pares opostos entre si ao longo da ramagem.

A trepadeira precisa de espaços amplos para crescer e é muito versátil: além de encobrir caramanchões, pode ser conduzida em alambrados, como os de quadras

Pode acreditar: se houver uma base ou suporte onde a tumbérgia-azul possa se enrolar, ela não se intimidará em envolvê-lo. Apesar de muito invasiva — ela precisa de espaços amplos —, não há como não se encantar com a profusão de flores que ela nos brinda quase o ano todo

Sofisticado e ousado, este caramanchão é um exemplo de arquitetura e funcionalidade. Ele foi encoberto por chapas de acrílico leitoso, porém distanciado das traves cruzadas, o que permite que a trepadeira cresça livremente sobre elas

esportivas, em cercas extensas e em beirais de varandas, sempre sob sol pleno.

Trepadeira semi-herbácea perenifólia, de hábito volúvel e rápido crescimento, a tumbérgia é muito vigorosa e invasiva e tem ramos de até 20 m de comprimento. É nativa da China, onde ocorre nas províncias de Fujian, Guangdong, Guangxi e da ilha de Hainan, na região sudeste, e na província de Yunnan, no sul; do Nepal; Butão; Bangladesh e região nordeste da Índia; e de Myanmar, Tailândia, Laos, Camboja, Vietnã e Malásia, na Indochina. É característica tanto de clima tropical como subtropical. O solo deve ser rico em matéria orgânica, bem drenado e mantido úmido. A reprodução é por sementes e por estaquia.

Mucuna bennettii

JADE-VERMELHA
Família das fabáceas
(*Leguminosae / Fabaceae*)

Bastante rara, a jade-vermelha é considerada a mais bela trepadeira tropical do mundo. As inflorescências, que despontam principalmente no verão, são cachos densos e pendentes, compostos de inúmeras flores com formato que lembra uma garra invertida, em tom vermelho vibrante.

As folhas são compostas, têm três folíolos de formato elíptico ovalado pontiagudo e exibem um tom verde-

É de tirar o fôlego! Os robustos cachos pendentes, que agrupam curiosas flores em forma de garra invertida com um intenso colorido avermelhado, fizeram a jade-vermelha ser considerada a mais bela trepadeira do mundo. Vigorosa, pesada e com ramos extensos, ela precisa de estruturas amplas e robustas, que permitam seus cachos penderem livremente

médio. Em seu habitat, a trepadeira cresce entre a copa das árvores e, no paisagismo, deve ser cultivada em grandes caramanchões, sob sol pleno ou à meia-sombra.

Trepadeira lenhosa de hábito volúvel, vigorosa e muito ramificada, com ramagem de até 30 m de comprimento. É endêmica de Papua-Nova Guiné, característica de clima tropical quente, não tolerante ao frio subtropical. O solo deve ser rico em matéria orgânica, bem drenado e mantido úmido. A reprodução é por sementes, mas como esse processo é muito difícil fora do habitat da planta, a estaquia é o método mais usado.

Ipomoea indica

BOM-DIA, CAMPAINHA, GLÓRIA-DA-MANHÃ
Família das convolvuláceas (*Convolvulaceae*)

As flores desta espécie, que se abrem no período da manhã e fecham no início da tarde, inspiraram alguns nomes populares, como bom-dia e glória-da-manhã. Grandes e muito vistosas, elas têm um formato de funil, de até 8 cm de diâmetro, exibem um tom arroxeado com o miolo lilás e surgem em grandes quantidades da primavera até o outono.

As folhas podem ter formato semelhante ao de um coração (cordiforme) ou com três segmentos (lobos), à semelhança das folhas das heras. Elas são grandes e vistosas, de até 18 cm de comprimento e 16 cm de largura, exibem um tom verde-escuro e nascem alternadamente ao longo da ramagem. Muito versátil, a glória-da-manhã pode ser conduzida em diversas estruturas como bordas de varandas e janelas, alambrados, cercas, treliças e arquinhos, sempre sob sol pleno.

Trepadeira herbácea perene e de hábito volúvel, de rápido crescimento, com ramagem longa e tenra, de até 15 m de comprimento. É nativa de uma grande extensão territorial das Américas, a partir da Flórida e do Texas nos Estados Unidos; todo o México; toda a América Central e região do Caribe; região norte da América do Sul até a Argentina. No Brasil, ela ocorre nos estados do Amazonas e Amapá, na região Norte; quase todos os estados das regiões Nordeste e Centro-Oeste; e todos os estados das regiões Sudeste e Sul; característica tanto de clima tropical como subtropical. O solo pode ser rico em matéria orgânica, bem drenado e mantido úmido. A reprodução é por sementes.

· CARAMANCHÃO E ARCOS · 17

· TREPADEIRAS NO PAISAGISMO ·

Essa cobertura é uma representação simplista do que outrora foi a chamada pérgula: uma estrutura que avança a partir de um edifício ou casa. O ambiente com arquitetura em estilo provençal é adornado com uma estrutura de ferro com a parte superior arqueada e bem espaçada. As trepadeiras glória-da-manhã, que encobrem delicadamente parte do caramanchão, emprestam ao espaço um requinte romântico

Thunbergia mysorensis

SAPATINHO-DE-JUDIA, TREPADEIRA-DE-MYSORE
Família das acantáceas (*Acanthaceae*)

Em plena floração, o sapatinho-de-judia exibe um dos mais belos espetáculos que a flora proporciona. As inflorescências, que despontam continuamente durante a primavera e o verão, são cachos longos e pendentes, de até 50 cm de comprimento, que agrupam inúmeras e vistosas flores tubulares, de até 5 cm de comprimento, voltadas para cima. Elas são compostas por um cálice vermelho-amarronzado, que envolve uma corola amarelo-ouro que se expande em cinco lobos (pétalas) voltados para trás, cada qual com as pontas de mesmo tom do cálice. As flores são irresistíveis para beija-flores, cambacicas e outros pássaros que se fartam com o néctar e as polinizam.

As folhas são ornamentais e têm um formato entre o lanceolado (lança) e o triangular, até 15 cm de comprimento, com as bordas irregulares e dotadas de segmentos esparsos pontiagudos. Elas exibem um tom verde-médio brilhante e nascem em pares opostos entre si ao longo da ramagem. O cultivo é mais apropriado em caramanchões para que a florada possa se desenvolver livremente, sob sol pleno ou em locais levemente sombreados. A espécie também pode ser conduzida em beirais de varandas.

Trepadeira perenifólia e semilenhosa de hábito volúvel, vigorosa e muito ramificada, com ramagem de mais de 6 m de comprimento. É endêmica da região sul da Índia — o epíteto específico *mysorensis* é derivado da cidade de Mysore (Maiçor, em português), no estado de Karnataka, na região sudoeste do país —, característica de clima tropical quente e úmido, tolerante ao frio subtropical, desde que seja em regiões de baixa altitude e onde não ocorram geadas. O solo pode ser arenoargiloso acrescido de matéria orgânica e mantido úmido. A reprodução é por sementes e por estaquia.

Projeto: Daniel Nunes

  A trepadeira sapatinho-de-judia é muito usada em beirais de varandas, mas nada se compara à sua beleza quando cultivada em caramanchões. As longas inflorescências pendentes — que de tão inusitadas mais parecem ilustrações retiradas de um livro de contos infantil —, promovem um verdadeiro êxtase e, para completar o cenário lúdico, elas ainda seduzem sem o menor pudor beija-flores e cambacicas, que se fartam com seu néctar. Para o cultivo dessa planta é importante atentar-se à altura do caramanchão — a sugestão é em torno de 2,5 m e 3 m, se não quiser se incomodar com as inflorescências batendo no rosto

Strongylodon macrobotrys

TREPADEIRA-JADE, TREPADEIRA-FILIPINA
Família das fabáceas (*Leguminosae / Fabaceae*)

Nobre por excelência, a trepadeira-jade é integrante do seleto grupo das trepadeiras que desenvolvem as mais belas flores. Durante a primavera e o verão, despontam curiosos cachos (racemos) longos e pendentes, de até 90 cm de comprimento, que são sustentados por um longo ramo (pseudoracemo, a continuação do próprio racemo), de até 3 m de comprimento. O cacho reúne mais de 70 flores que têm um peculiar formato, semelhante às unhas das garras dos animais, de até 6 cm de comprimento. Elas exibem um colorido com nuances azul-esverdeados, como o das pedras turquesa e jade, que é muito raro na natureza, e são protegidas por um cálice ligeiramente bojudo e arroxeado.

Em condições climáticas adequadas, a trepadeira-jade produz um grande fruto de formato ovalado, de até 15 cm de comprimento, não comestível. As folhas são compostas, formadas por três folíolos elípticos alongados e pontiagudos, de até 25 cm de comprimento, e exibem um tom verde-médio brilhante. Quando novas, são verde-limão, bem claras.

O cultivo da espécie deve ficar restrito a grandes caramanchões, que são essenciais para sustentar a planta e permitir que florada se desenvolva livremente, ou às bordas de extensas varandas, sob sol pleno ou meia-sombra.

Trepadeira perenifólia lenhosa no caule primário e semilenhosa nos ramos secundários, a planta tem hábito volúvel, é muito vigorosa e ramificada, com ramagem de mais de 20 m de comprimento. É endêmica das Filipinas, onde ocorre nas árvores ao longo de riachos e ravinas das florestas, típica de clima tropical quente e úmido, tolerante ao frio subtropical em regiões de baixa altitude e onde não ocorram geadas. A trepadeira-jade corre sério risco de extinção em seu habitat e já é considerada rara, devido ao desenfreado desmatamento das florestas, com o agravante da diminuição do seu principal polinizador: o morcego. O solo pode ser arenoargiloso acrescido de matéria orgânica e mantido úmido. A reprodução por sementes é muito difícil, principalmente fora do habitat, sendo o método por estaquia o mais indicado.

A trepadeira-jade tem um comportamento muito semelhante ao da trepadeira sapatinho-de-judia, descrita na página 18. No entanto, é muito mais vigorosa e pesada, o que se faz necessária uma estrutura robusta para seu cultivo. Rara no seu habitat, as Filipinas, ela produz uma inflorescência pendente de beleza única, que agrupa flores de um colorido igualmente raro na natureza: azul-esverdeado como o das pedras turquesa e jade

Trachelospermum jasminoides

JASMIM-ESTRELA, JASMIM-DE-LEITE
Família das apocináceas (*Apocynaceae*)

O nome popular jasmim-de-leite foi inspirado pela quantidade de seiva leitosa que a trepadeira exsuda quando podada ou machucada, uma característica da família das apocináceas. No final da primavera e no início do verão, a ela fica carregada de pequenas flores, de até 2,5 cm de diâmetro, compostas de cinco pétalas estreitas e dispostas em forma de catavento, em tom branco puro. Elas nascem agrupadas em cachos nas pontas dos ramos e exalam um intenso perfume.

As folhas têm um formato elíptico estreito e pontiagudo, de até 8 cm de comprimento, exibem um tom verde-oliva brilhante e nascem em pares opostos entre si, ao longo da ramagem. No inverno, podem adquirir tons avermelhados. Além de caramanchões, o jasmim-estrela pode ser conduzido em cercas, em alambrados, em arcos e em treliças mediante podas de contenção, sob sol pleno ou em local levemente sombreado.

Trepadeira perenifólia semilenhosa de hábito volúvel, vigorosa, muito ramificada e de crescimento lento, o jasmim-estrela tem ramagem de até 8 m de comprimento. É nativo de grande parte da Ásia, a partir da Província de Shanxi, no centro-norte da China, até o Vietnã, na Indochina; além do Japão, Coreia e Taiwan; característica de uma grande diversidade climática, desde o temperado até o tropical. Aprecia solo rico em matéria orgânica, bem drenado e mantido úmido. A reprodução é por sementes ou por estaquia.

Este sofisticado caramanchão, que abriga uma igualmente sofisticada sala de estar no jardim, recebeu uma cobertura que lembra a dos gazebos. Cada coluna de sustentação foi agraciada com uma muda da trepadeira jasmim-estrela que, em um futuro próximo, vai compor um grande volume vegetal sobre o teto da estrutura

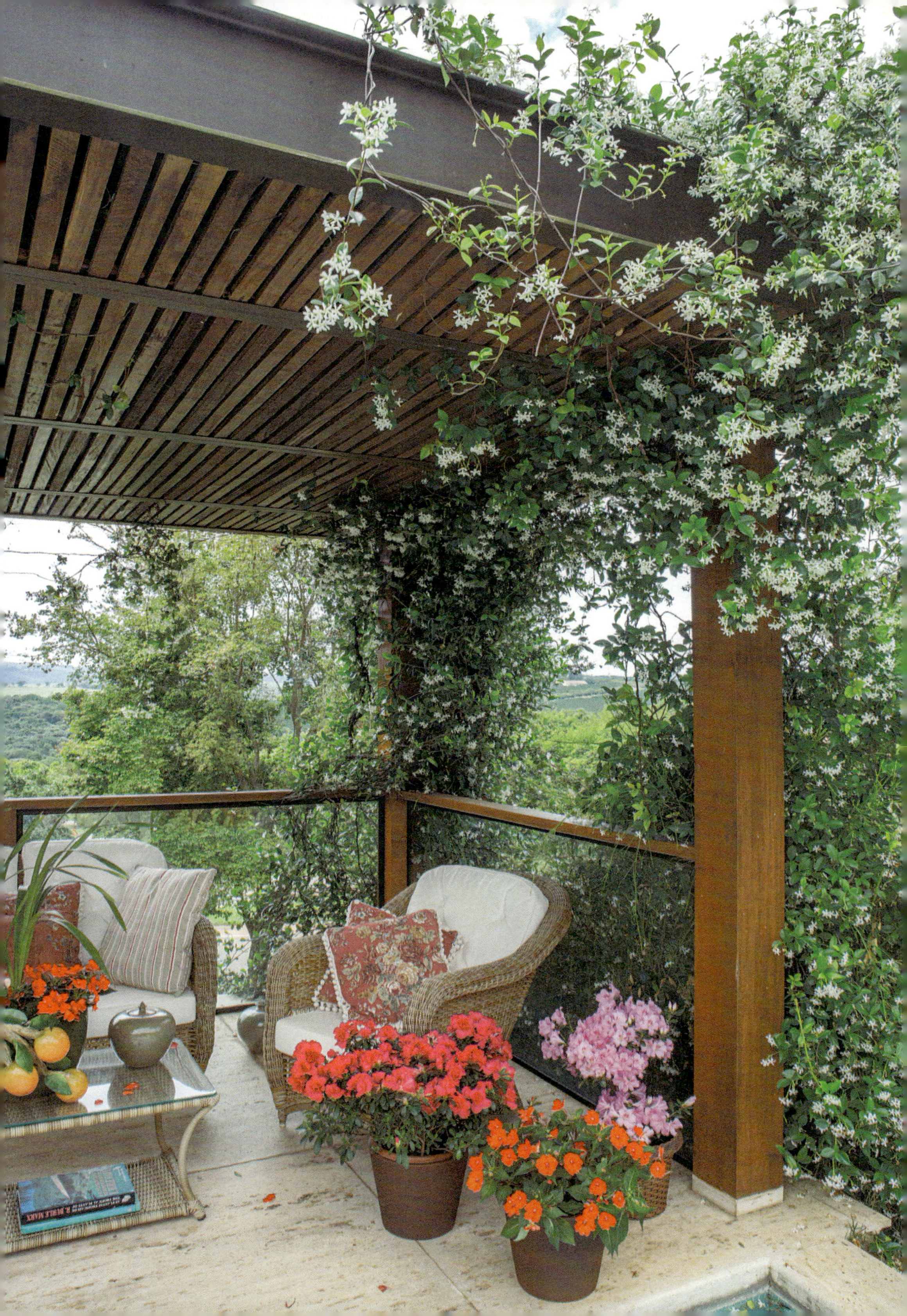
R. BURLE MARX

Petrea volubilis

VIUVINHA, FLOR-DE-SÃO-MIGUEL
Família das
verbenáceas (*Verbenaceae*)

Quando o inverno se aproxima, as folhas da viuvinha começam a cair e, simultaneamente, se inicia a florada. Já em meados do inverno e início da primavera, a trepadeira fica completamente encoberta pelas inflorescências, que são cachos longos, de até 30 cm de comprimento, que agrupam inúmeras e curiosas flores, de até 5 cm de diâmetro, e que podem ser azul-arroxeadas ou totalmente brancas. Elas são formadas por um conjunto de brácteas longas e estreitas, distribuídas de forma estrelada e confundidas com pétalas. As verdadeiras flores, que se desenvolvem no centro dessas brácteas, são diminutas, têm cinco pétalas arredondadas e duram apenas dois ou três dias. As brácteas, que são mais vistosas, permanecem no cacho por um longo período.

As folhas têm um formato elíptico alongado e pontiagudo, de até 15 cm de comprimento, as bordas são levemente serrilhadas, a superfície é áspera, exibem um tom verde-oliva semiopaco e nascem em pares opostos entre si.

Além do tradicional caramanchão, a viuvinha também pode ser conduzida em cercas e alambrados e educada como um arbusto — ideal para cultivar em beiras de taludes —, sempre sob sol pleno.

Projeto: Celso Bergamasco

    Trepadeira lenhosa, desordenada, de hábito volúvel, decídua (perde as folhas) e vigorosa, tem ramagem de mais de 5 m de comprimento. É nativa desde o sul da Califórnia, nos Estados Unidos, até o sul do Brasil, passando pelo México, toda a América Central e o Caribe. É característica tanto de clima tropical como subtropical e gosta de solo arenoargiloso acrescido de matéria orgânica e regado quando estiver seco. A reprodução é por sementes ou por estaquia.

As vigas de madeira de demolição são muito requisitadas não só pela beleza rústica que proporcionam — na maioria das vezes não são aparelhadas e apresentam até fissuras —, mas também por sua nobreza e durabilidade. Difíceis de serem encontradas, elas são geralmente mais caras, pois a maioria deriva do corte de árvores nobres, que não podem mais ser retiradas das florestas

Camptosema spectabile

CIPÓ-TAPIÁ, CUITELO
Família das fabáceas
(*Leguminosae / Fabaceae*)

Ainda pouco difundido no paisagismo, o cipó-tapiá exibe uma magnífica florada durante o outono e o inverno, período em que normalmente os jardins carecem de flores. As longas e pendentes inflorescências, de mais de 40 cm de comprimento, são compostas de inúmeras flores vermelhas ou róseas e intensamente visitadas por beija-flores.

As folhas são compostas, formadas por três folíolos elipticos, de até 9 cm de comprimento. A planta deve ser cultivada em grandes caramanchões, estrutura que permite o livre desenvolvimento das inflorescências, sob sol pleno ou à meia-sombra.

Trepadeira volúvel, muito vigorosa e de tamanho indefinido (a ramagem pode atingir 10 m de comprimento), o cipó-tapiá é endêmico do Brasil, onde ocorre nos biomas Cerrado e Mata Atlântica do estado da Bahia, na região Nordeste, e de toda a região Sudeste, característica de clima tropical, tolerante ao frio subtropical. O solo pode ser arenoargiloso e a reprodução é por sementes, por alporquia ou estaquia.

Ambientação: Jardim Botânico de São Paulo

Chonemorpha fragrans

CIPÓ-DE-LEITE, TREPADEIRA-FRANGIPANI
Família das apocináceas (*Apocynaceae*)

O nome popular, cipó-de-leite, é uma referência ao látex que a planta exsuda quando cortada ou ferida. As flores, muito perfumadas, despontam em grande quantidade durante a primavera e o verão, e estão distribuídas em cachos do tipo panícula, que nascem na parte terminal dos ramos. Elas são tubulares, têm cinco grandes pétalas dispostas em forma de catavento e exibem um colorido branco puro com miolo amarelo ou amarelo-alaranjado.

O cipó-de-leite desenvolve um denso e vistoso sistema foliar. As folhas, grandes e com formato elíptico ovalado, de até 25 cm de comprimento, são espessas e encobertas por uma pelugem sedosa, têm nervuras salientes e exibem um tom verde-escuro brilhante. No inverno, sob o clima subtropical, a trepadeira entra em estado de dormência e perde as folhas. A planta necessita de estruturas amplas para poder crescer livremente. Além do tradicional caramanchão, também pode ser conduzida em cercas ou alambrados, e debruçada sobre muros, sob sol pleno.

Trepadeira perene semilenhosa e volúvel, muito vigorosa e densa, é nativa de regiões de altitudes entre 400 m e 1.800 m das florestas do Himalaia, na Índia, até o arquipélago Malaio, no sudeste asiático, característica tanto de clima subtropical como tropical, não tolerante a geadas. No seu habitat, escala grandes árvores em busca do sol, no dossel da mata, e pode superar os 30 m de comprimento. Em cultivo normal, atinge em torno de 6 m de comprimento. O solo pode ser arenoargiloso, ácido — com pH em torno de 5,6 ou 6 —, acrescido de matéria orgânica e mantido úmido. A reprodução é por sementes e, mais facilmente, por estacas preparadas na primavera.

Ambientação: Jardim Botânico Plantarum

Bignonia calistegioides

CIPÓ-CRUZ, DAMA-DA-MONTANHA
Família das bignoniáceas (*Bignoniaceae*)

Trepadeira vigorosa e com florada de grande valor ornamental. As flores nascem agrupadas nas pontas dos ramos, a partir do final da primavera até meados do verão, e têm formato campanulado (de sino) com cinco pétalas de bordas onduladas. Elas exibem um vistoso tom vináceo claro ou lavanda com estrias longitudinais cor de vinho e um vibrante colorido amarelo na garganta, de grande efeito contrastante. A partir de meados do outono ou durante o inverno, pode-se fazer podas de contenção para limitar sua expansão.

As folhas são compostas e têm dois folíolos elíptico-alongados e pontiagudos. Elas se desenvolvem em pares opostos entre si, são distribuídas de forma espaçada ao longo dos nós da ramagem e exibem um tom verde-escuro brilhante. Muito versátil, o cipó-cruz também pode ser conduzido em grades, alambrados e arcos, sob sol pleno ou em local levemente sombreado.

Trepadeira lenhosa perene com gavinhas (um tipo de órgão de fixação) que se desenvolvem nas axilas das intersecções dos folíolos das folhas apicais. A ramagem atinge até 7 m de comprimento. É nativa da região centro-sul da América do Sul, onde ocorre nos biomas Mata Atlântica e Pampa do estado do Rio Grande do Sul, na região Sul do Brasil; na Argentina; no Paraguai; no Uruguai e na Bolívia; característica de clima subtropical, tolerante ao calor tropical, desde que seja em regiões de altitude ou serranas. O solo pode ser rico em matéria orgânica, bem drenado e mantido úmido. A reprodução é por sementes ou por estaquia das pontas dos ramos.

Uma solução interessante e de grande efeito para o aproveitamento de grandes caramanchões, como o da foto ao lado, é cultivar mais de uma espécie de trepadeira na mesma estrutura. Esse, por exemplo, sustenta diversas mudas de cipó-cruz e videiras. Infelizmente, apesar da florada magnífica que exibe, o cipó-cruz ainda é muito pouco conhecido, até mesmo no seu habitat, o estado do Rio Grande do Sul

Lonicera japonica

MADRESSILVA
Família das caprifoliáceas
(*Caprifoliaceae*)

As flores da madressilva, que despontam durante a primavera e o verão, são tubulares, medem até 5 cm de comprimento e se dividem em dois segmentos (lábios): o superior, largo e com quatro pontas (lobos); e o inferior, estreito e com uma única ponta. Elas nascem inicialmente esbranquiçadas e, com o passar dos dias, ficam amareladas, exalam um intenso perfume adocicado e são muito apreciadas por beija-flores.

As folhas têm formato elíptico alongado e pontiagudo, de até 8 cm de comprimento, exibem um tom verde-oliva e nascem em pares opostos entre si ao longo de toda a ramagem. A madressilva é uma trepadeira muito versátil que, além de ser cultivada no tradicional caramanchão, também é ótima para ser conduzida em cercas e alambrados ou debruçada sobre muros, sempre sob sol pleno. Considerada invasiva, a espécie é normalmente contida com podas, sem prejuízo à planta e sua floração.

Trepadeira lenhosa na base do tronco principal, de hábito volúvel, muito vigorosa e ramificada, com ramagem de mais de 10 m de comprimento. É nativa da região leste da China, do Japão e da Coreia, característica de clima temperado, muito tolerante ao calor subtropical e até tropical de altitude. O solo pode ser rico em matéria orgânica, bem drenado e mantido úmido. A reprodução é por sementes e por estaquia.

A madressilva é uma trepadeira relativamente popular nas regiões Sul e Sudeste do Brasil, onde o clima é mais ameno. Muito vigorosa, ela desenvolve uma ramagem intensa e um sistema foliar muito denso, requisitos que a tornam excelente para proporcionar um bom abrigo sob o caramanchão. E ainda dá flores que, além de exalarem um intenso perfume, atraem beija-flores

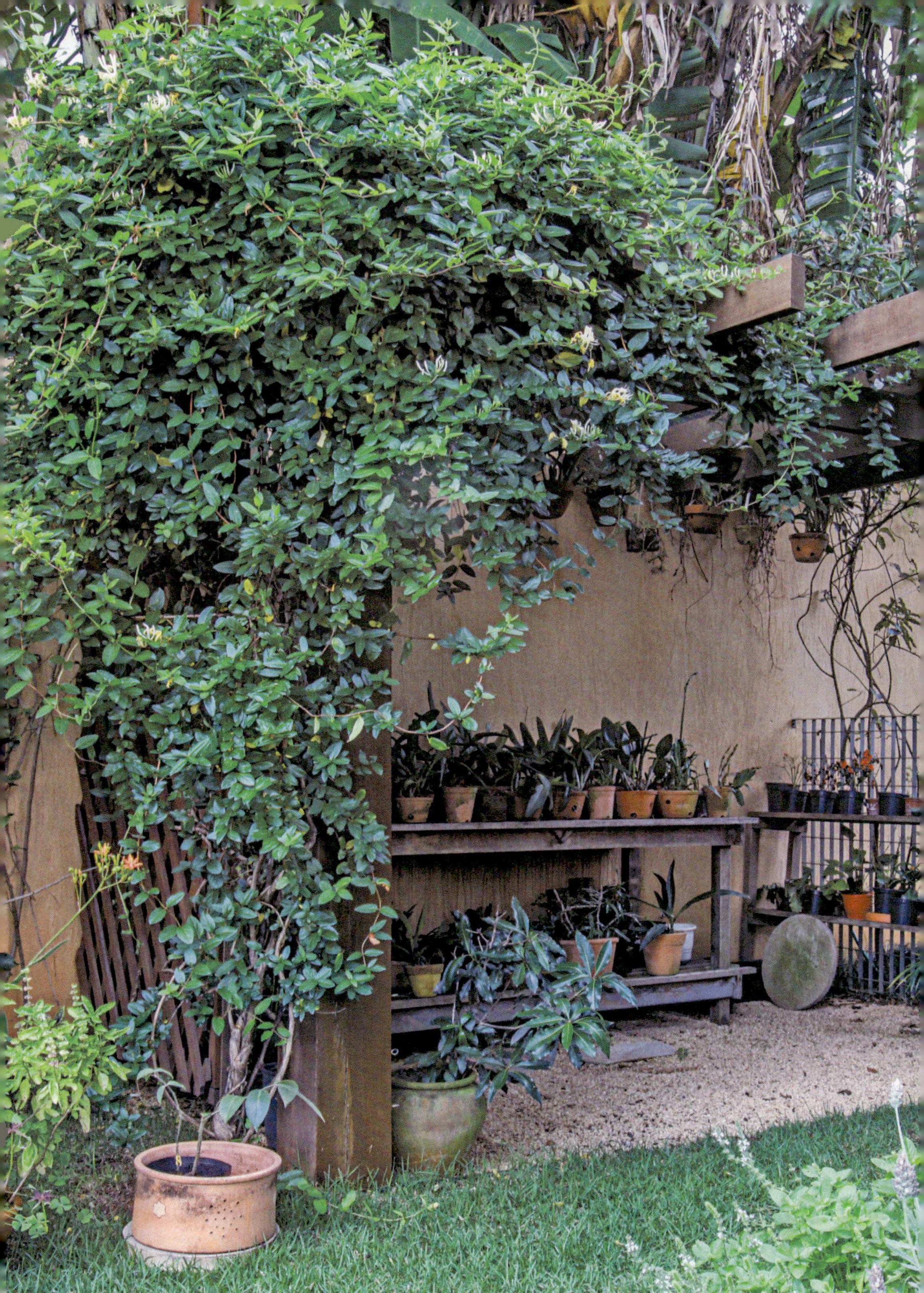

Jasminum polyanthum

JASMIM-DOS-POETAS, JASMIM-DE-INVERNO
Família das oleáceas (*Oleaceae*)

Assim como as rosas-trepadeiras, o jasmim-dos-poetas é a personificação do glamour romântico que exerce em um jardim no auge da sua florada. Durante o inverno e, não raro, também no início da primavera, ele proporciona um belo espetáculo com sua densa florada. Intensamente perfumadas, as flores são tubulares e têm cinco pétalas estreladas brancas, de até 2 cm de diâmetro, e o cálice róseo-avermelhado — assim como o botão floral. A espécie é considerada a mais ornamental entre os jasmins.

As folhas são compostas e do tipo pinada (pena), com três ou quatro pares de folíolos que nascem paralelamente ao longo de um eixo (nervura central) e com um único folíolo mais longo e estreito na ponta. Além de caramanchões, o jasmim-dos-poetas também é perfeito para ser conduzido em arquinhos, treliças e alambrados, sob sol pleno ou em locais levemente sombreados.

Trepadeira semi-herbácea volúvel, densamente ramificada, com ramagem de mais de 6 m de comprimento (na região de origem pode chegar aos 10 m). É endêmica das províncias de Guizhou, Sichuan e Yunnan, na região Centro-Sul da China, característica tanto de clima temperado como subtropical. Aprecia solo rico em matéria orgânica, bem drenado e mantido úmido. A reprodução é por sementes e por estaquia.

O jasmim-dos-poetas é um ícone do romantismo no jardim e, como tal, merece todo o respeito em relação à estrutura que vai abrigá-lo. Este bucólico caramanchão, com sua lateral protegida por uma cerca em forma de treliça, está, aos poucos, sendo abraçado pelo refinado sistema foliar da trepadeira

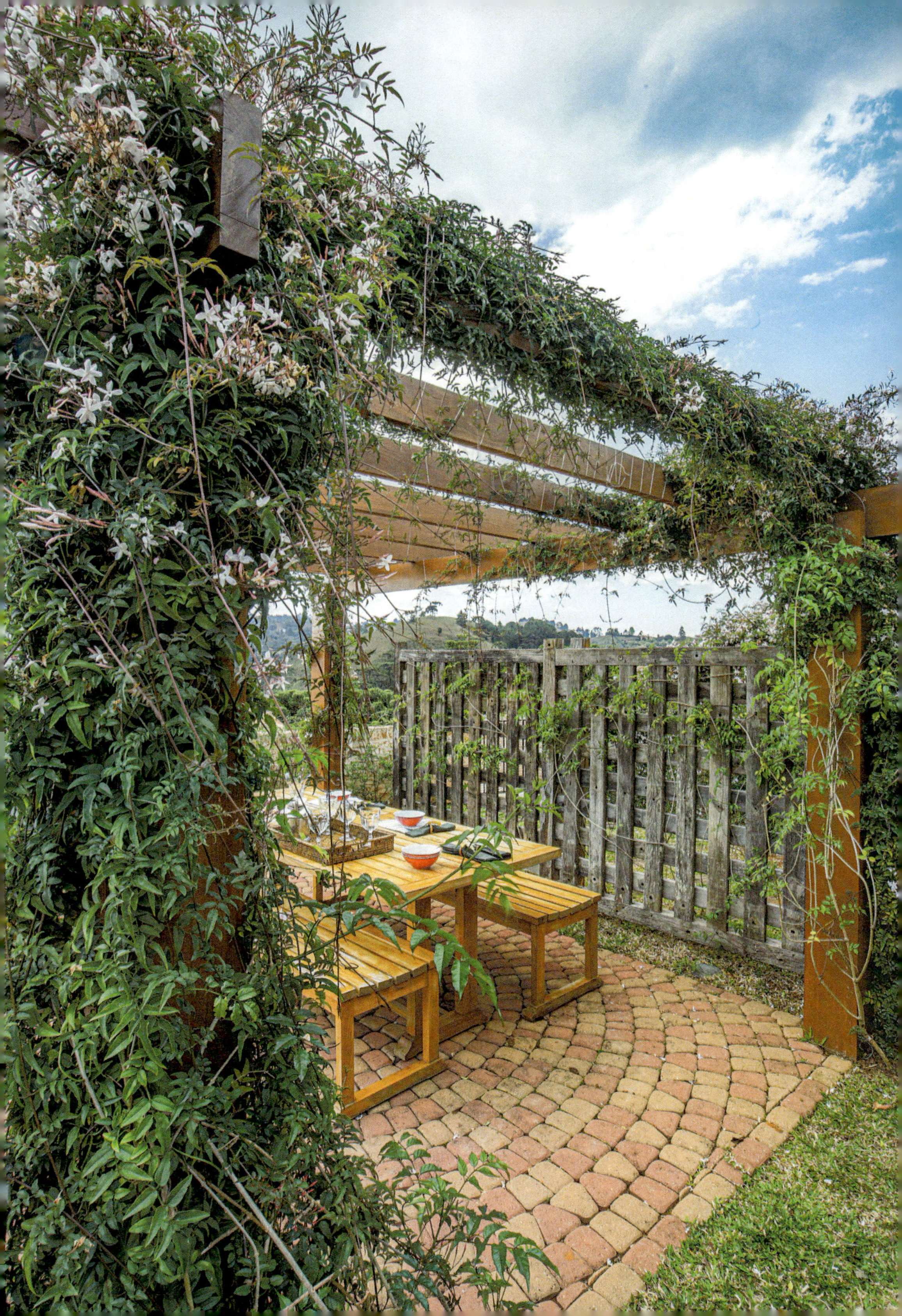

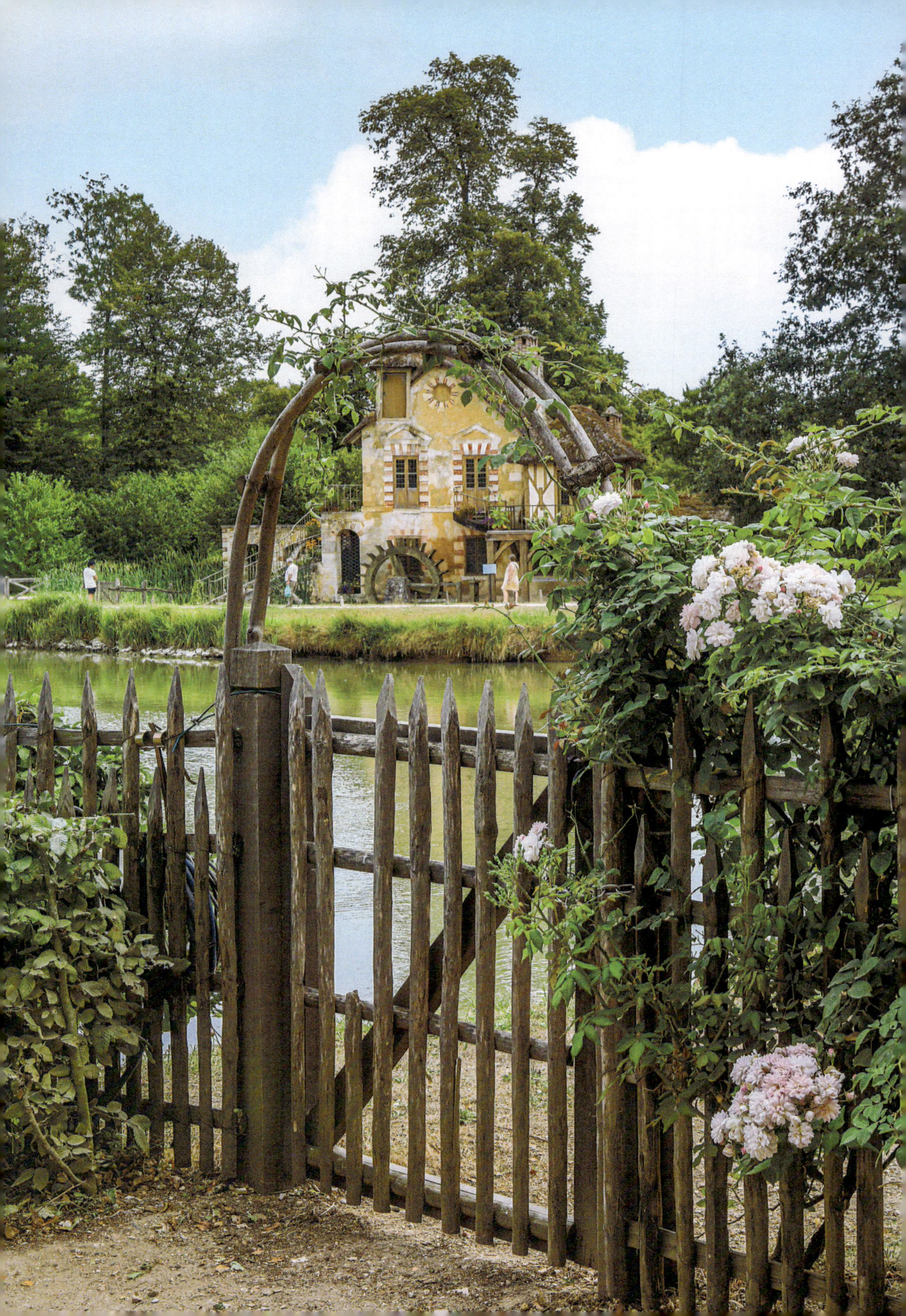

ARCOS SOBRE CAMINHOS E ENTRADAS

Ícones dos famosos *cottage gardens* — jardins de estilo informal e romântico de origem inglesa —, os arcos são estruturas estreitas que podem ser arqueadas ou retangulares e, hoje, ornamentam jardins dos mais variados estilos, do clássico ao contemporâneo, do tropical ao asiático.

Os tradicionais *cottage gardens* surgiram nos jardins e quintais das casas dos camponeses ingleses, que usavam o terreno para o cultivo de alimentos junto com espécies ornamentais, entre elas as trepadeiras. Elas eram conduzidas em estruturas muito simples, normalmente em forma de arco, que passaram a ser muito usadas para encobrir portõezinhos.

Muito rústicos, esses arcos eram estruturados com elementos naturais como cipós, por exemplo, entrelaçados e fixados nas colunas de sustentação do portãozinho. Era uma forma charmosa de quebrar a simetria longilínea da cerca ao longo da propriedade.

A simplória cerquinha, interrompida por um bucólico portãozinho timidamente encoberto por um arco rústico, exemplifica fielmente os primórdios desse tipo de estrutura. O cenário foi registrado nos pitorescos — e majestosos — jardins do Petit Trianon, no interior do parque do Palácio de Versailles, na França. O toque romântico fica por conta da rosa-trepadeira que repousa na cerca e, aos poucos, vai abraçando o arquinho

Assim como os caramanchões, com o passar do tempo, os arcos ganharam formas mais simétricas, elaboradas e sofisticadas — alguns eram até feitos em ferro. Normalmente com quatro colunas, elas sustentam no topo um par de vigas ou caibros transversais, que são interligados por ripas dispostas paralelamente. Outro artifício de grande valor ornamental e que agrega requinte à estrutura é o fechamento lateral das colunas com treliças, que ajudam na condução e sustentação das plantas trepadeiras.

Os arcos não se prestam apenas para encobrir portões. Eles também podem ser dispostos ao longo de um caminho para proporcionar ao percurso um um ar bucólico e sofisticado. Também são ótimos para dividir ambientes no jardim e provocar sensação de continuidade, mesmo que o espaço seja pequeno. São ainda excelentes para a técnica do "mostra e esconde", um artifício paisagístico que não permite que o jardim seja visto todo de uma vez —, ou seja, ele precisa ser descoberto aos poucos.

Dependendo do tamanho e da robustez da estrutura, é possível, a princípio, cultivar a maior parte das plantas trepadeiras, inclusive as vigorosas, desde que contidas com podas frequentes. No entanto, como na maioria das vezes essas estruturas são elaboradas, não raro com uma arquitetura mais complexa e sofisticada, é preferível optar por espécies mais comedidas, como as rosas-trepadeiras, para não esconder totalmente o arco.

É muito importante que, na hora de montar uma estrutura, ela seja bem firme e coerente com a planta escolhida para suportá-la, além de devidamente tratada contra as intempéries

Estruturas do tipo arco, uma vez encobertas por trepadeiras floríferas no auge da sua floração, são capazes de, por si só, compor cenários bucólicos em um jardim. Um arco de entrada sobre um portãozinho inspira sensações de bem-estar e estimula a curiosidade de transpassá-lo.

Passear por um caminho sob arcos repletos de cachos de flores é um momento único, e você não precisa ser abastado para se ter esse privilégio. Algumas estruturas simples, desde que bem montadas — como as que sustentam as glicínias, na foto acima —, são o suficiente para sofisticar com maestria o paisagismo do seu jardim. ♣

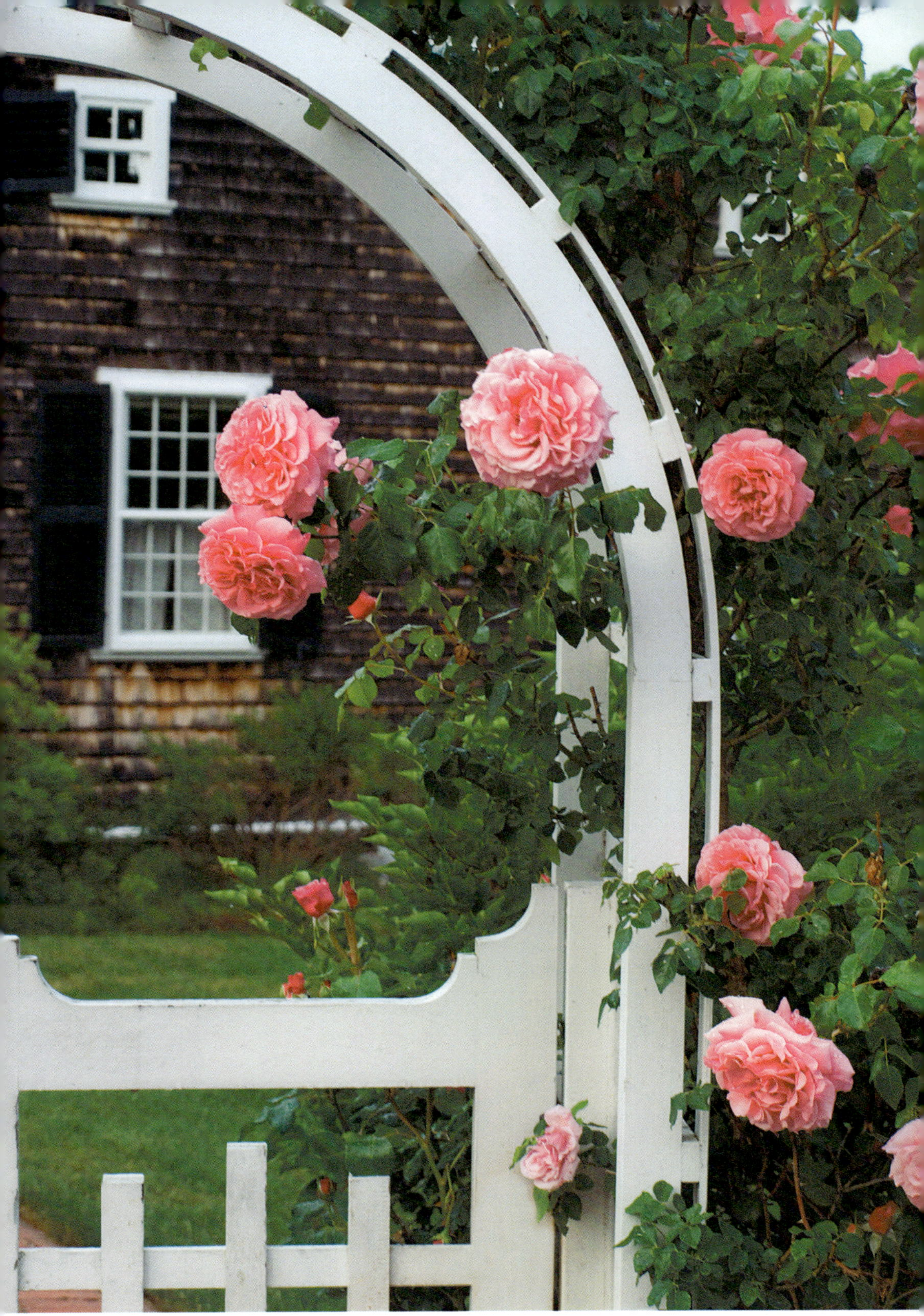

Rosa hybrid

ROSA-TREPADEIRA
Família das rosáceas (*Rosaceae*)

As rosas-trepadeiras são consideradas por unanimidade as mais espetaculares e perfeitas trepadeiras floríferas para se cultivar sobre arquinhos. A combinação e parceria entre essas espécies e os arcos é singular e de uma fotogenia ímpar.

Estas roseiras não são necessariamente trepadeiras, pois não possuem artifícios para escalar estruturas por conta própria, ou seja, precisam ser conduzidas com a ajuda de amarilhos. Assim como a maioria das rosas tradicionais, as rosas-trepadeiras também fazem parte de um complexo grupo de roseiras híbridas, desenvolvidas ao longo dos séculos e que hoje compreendem centenas de cultivares.

Existem basicamente duas variantes destas plantas: as com flores pequenas, que nascem em densos cachos; e as com flores grandes, que despontam isoladamente nas pontas dos ramos. Elas surgem na primavera e apresentam uma vasta gama de formas e cores, podendo ser multicoloridas ou mescladas, e perfumadas ou não.

As roseiras-trepadeiras são uma unanimidade entre jardinistas e paisagistas: simbolizam o que há de mais romântico no jardim, especialmente quando cultivadas sobre um arquinho encobrindo um portão ou em meio a um percurso de um caminho

Além de encobrir arcos, a rosa-trepadeira pode ser conduzida ao longo de cercas e alambrados em treliças fixadas nas paredes, sempre sob sol pleno.

Trepadeira ascendente sem origem definida, com ramagem entre 3 m e 6 m de comprimento — mas existem alguns cultivares mais compridos. É característica principalmente de clima temperado, embora existam inúmeros cultivares muito resistentes ao calor subtropical. O solo deve ser rico em matéria orgânica, bem drenado e mantido úmido. No início do inverno é muito importante podar um terço dos ramos para estimular novas brotações. A reprodução é exclusivamente por enxertia.

As rosas-trepadeiras são tão expressivas que, há muito, jardinistas e paisagistas as colecionam conduzidas em arcos ao longo de caminhos. Uma das cenas com arcos mais icônicas é a entrada nos jardins de Claude Monet, em Giverny, na França (abaixo). Não menos significativos e famosos são os arcos que formam um túnel ao longo de um caminho no jardim de rosas do Hyde Park, em Londres, na Inglaterra (fotos acima)

Nesse jardim romântico no melhor estilo cottage garden, as diversas estruturas confeccionadas em forma de traves sustentam rosas-trepadeiras brancas e pontuam um pitoresco caminho. Parece até uma pintura impressionista

Podranea ricasoliana

SETE-LÉGUAS
Família das bignoniáceas (*Bignoniaceae*)

A sete-leguas não é exatamente indicada para a condução em arquinhos. Mas o arco na foto abaixo, que encobre um portão da entrada de carros é grande o suficiente para que a trepadeira possa ser usada com maestria.

O nome popular sete-léguas foi inspirado no rápido crescimento da espécie. As inflorescências, que surgem quase o ano todo — com exceção do inverno —, são do tipo panícula (cacho de cachos) e brotam nas pontas dos ramos. Elas agrupam inúmeras flores grandes de formato campanulado (sino), com a corola expandida em cinco lobos arredondados (pétalas), de até 7 cm de diâmetro. Levemente perfumadas, as flores exibem um colorido róseo suave com a parte interna estriada em tom róseo-avermelhado e o miolo esbranquiçado.

As folhas, de até 20 cm de comprimento,

são compostas e do tipo pinada (semelhante a uma pena), formadas por quatro pares de folíolos de formato elíptico alongado pontiagudo, de até 7 cm de comprimento, e dispostos paralelamente ao longo de um eixo (raque), com um folíolo isolado e maior no ápice. Pode ser conduzida em caramanchões amplos ou usada para revestir muros, cercas e alambrados, sob sol pleno.

Trepadeira semilenhosa do tipo volúvel, muito vigorosa e ramificada, com ramagem de até 10 m de comprimento a partir do tronco. Sua origem é controversa: alguns dizem que ela é endêmica das províncias de KwaZulu-Natal e Cabo Oriental, na África do Sul; e outros citam Malawi, Moçambique e Zimbábue, na região Sudeste da África. Característica tanto de clima tropical como subtropical, aprecia solo ser rico em matéria orgânica, bem drenado e mantido úmido. A reprodução é por sementes ou por estaquia.

O espaçoso arco de ferro que encobre o portão de entrada de carros tem uma arquitetura simples e discreta, mas é grande o suficiente para sustentar a vigorosa trepadeira sete-léguas. A espécie se sobressai de forma esplendorosa, exibindo ao longo de quase todo o ano os vistosos cachos com grandes flores róseas

Allamanda cathartica

ALAMANDA-AMARELA, DEDAL-DE-DAMA
Família das apocináceas (*Apocynaceae*)

Conhecida também pelos nomes populares de trombeta-de-anjo, trombeta-dourada e sino-amarelo, a trepadeira tem flores grandes e campanuladas (em formato de sino), de até 8 cm de diâmetro. Elas se desenvolvem nas pontas dos ramos na maior parte do ano, principalmente no verão, e com menor intensidade no inverno. Nas regiões de clima mais frio, como o subtropical, perde as folhas e não floresce.

As folhas também são ornamentais: têm formato elíptico alongado, exibem um tom verde-claro brilhante e contrastam com as flores. A trepadeira produz um curioso fruto do tipo cápsula, de formato ovalado e com casca espinescente, de até 6 cm de comprimento, composto de sementes achatadas e aladas.

A ramagem da planta tem consistência semilenhosa, é vigorosa, mas também relativamente frágil. Conforme se desenvolvem, os ramos precisam ser tutorados e fixados com amarrilhos na estrutura.

A alamanda-amarela gosta de calor, muito sol e é ideal para emoldurar arquinhos em portões de entrada ou pórticos, encobrir muros ou ser conduzida ao longo de alambrados e cercas. Como aceita bem as podas, pode ser educada também como arbusto, para compor canteiros; cultivada em renques ao longo de muros e cercas; como cerca viva; ou em beiras de taludes. É excelente para as condições climáticas litorâneas.

Quando a alamanda-amarela sofre um ferimento — poda, quebra de ramo ou até mesmo a retirada de folhas —, exsuda uma seiva leitosa branca (látex). Essa substância, que serve para cicatrizar a ferida, é tóxica e catártica (laxativa), o que originou o nome do epíteto específico *cathartica*. Se ingerida, pode causar náuseas, vômitos, cólicas, diarreia e desidratação. Além disso, quando em contato com a pele, pode provocar dermatite em pessoas com propensão alérgica, sendo recomendável o uso de luvas ao manusear a planta.

O nome científico do gênero, *Allamanda*, é uma homenagem ao dr. Frederick Allamanda (1735-1803), botânico suíço do século 18.

Trepadeira arbustiva de crescimento rápido, de até 5 m de comprimento, é nativa da América Central, norte da América do Sul e de todo o Brasil, característica tanto de clima tropical como subtropical e não tolera geadas. O solo pode ser arenoargiloso acrescido de matéria orgânica, bem drenado e regado quando estiver seco. A multiplicação é por sementes e por estaquia.

Neste projeto inusitado, a alamanda-amarela é cultivada debruçada sobre um muro de contenção e se estende por um arquinho. Este, por sua vez, encobre graciosamente uma ducha

Gelsemium sempervirens

JASMIM-CAROLINA, FALSO-JASMIM
Família das gelsemiáceas (*Loganiaceae / Gelsemiaceae*)

Considerada símbolo da Carolina do Sul, nos Estados Unidos, a espécie ganhou o nome popular de jasmim-Carolina mundo afora. As flores despontam a partir do final do inverno até meados da primavera, isoladas ou agrupadas em pequenos cachos que se desenvolvem nas axilas das folhas apicais. Elas têm formato de funil, de até 3 cm de comprimento e de diâmetro, e compreendem cinco pétalas arredondadas e amarelas, com o centro levemente alaranjado. Elas são intensamente perfumadas e muito visitadas por insetos polinizadores.

Os arcos de alvenaria, que podem ser ou não cobertos por telhas, fazem parte da cultura arquitetônica das casas brasileiras, tanto no campo quanto na cidade. Geralmente usados para marcar a entrada, eles são ótimos para sustentar trepadeiras

As folhas têm formato elíptico e pontiagudo, de até 10 cm de comprimento, são verde-oliva brilhante e nascem em pares opostos entre si, a partir dos nós espaçados ao longo da ramagem. Apesar de volumoso, o jasmim-Carolina tem crescimento moderado e pode ser conduzido em arquinhos, treliças, cercas e alambrados, sempre sob sol pleno. Todas as partes da planta são tóxicas, inclusive o néctar das flores.

A trepadeira é perenifólia (não perde as folhas) nas regiões quentes e semidecíduas em áreas de clima mais ameno. Semilenhosa na base do caule, de hábito volúvel e muito ramificada, tem a ramagem delgada e herbácea, de até 6 m de comprimento. É nativa das regiões sul (Texas) e sudeste dos Estados Unidos e do México, na América do Norte; e da Guatemala e Honduras, na América Central, característica tanto de clima temperado quente como subtropical e tropical. Prefere solo arenoargiloso acrescido de matéria orgânica. A reprodução é por sementes ou por estaquia.

Todos os direitos reservados para
EDITORA EUROPA

Rua Alvarenga, 1416 - São Paulo, SP - CEP 05509-003
Telefone: (11) 3038-5050
atendimento@europanet.com.br | www.europanet.com.br

Diretor Executivo: Luiz Siqueira
Diretor Editorial: Roberto Araújo

Autor: Valerio Romahn
Fotos e informações técnicas: Valerio Romahn
Edição: Christiane Fenÿo
Projeto gráfico e edição de arte: Ludmila Viani Taranenko

Comercial e livrarias: Paula Hanne – paula@europanet.com.br – (11) 3038-5100
Atendimento ao leitor: Fabiana Lopes – fabiana@europanet.com.br – (11) 3038-5058
Promoção: Aida Lima – aida@europanet.com.br – (11) 3038-5118
Impressão: Bueno Teixeira Gráfica

ISBN 978-65-5884-128-9